En el lejano planeta Seedix, una pequeña comunidad florece con un huerto exuberante, lleno de frutas y verduras. La armonía se quiebra cuando el malvado Doctor Colapso arrasa el huerto, poniendo en peligro su forma de vida. La pequeña Gaia propone pedir ayuda a los terrícolas enviando una carta en una estrella fugaz. ¿Podrán salvar su huerto y restaurar la paz en Seedix?

Valores implícitos

El libro transmite valores como la cooperación, la valentía y la esperanza. Enfrentarse a adversidades y buscar ayuda cuando es necesario. Resalta la importancia de la comunidad y la solidaridad para superar desafíos. También destaca la protección de la naturaleza y la preservación de un estilo de vida saludable y sostenible.

solidaridad
internacional
País Valenciano

María Jiménez Martín

Ilustrado por Ana Collado

LA CARTA DE GAIA

Mi cielo, mi sol, mi luna y mis estrellas.

A las que brillan fuerte ahí arriba y a ti,
enana, que brillas aquí abajo.

Hace miles de millones de años, en un lejano planeta llamado Seedix, una pequeña comunidad de seres comenzó a cultivar un enorme huerto con una infinidad de verduras y frutas diferentes.

Esta comunidad fue creciendo y, con ella, su huerto. Venían seres de todas partes del planeta a conocer las maravillas que germinaban de sus semillas.

Aquellos seres vivían
felices y en armonía.

Se alimentaban de
productos frescos de
su huerto, utilizaban
sus hierbas para
curar y prevenir
enfermedades...

Todo funcionaba a la perfección.

Pero, de repente, una mañana, la pequeña Gaia se acercó al huerto para recoger algo de fruta para el desayuno y se encontró con que estaba ¡totalmente arrasado! Gaia corrió a contar lo que había visto al resto de la comunidad.

Al parecer, el malvado Doctor Colapso había hecho de las suyas. Sus enormes monocultivos estaban empezando a verse en peligro, sus pesticidas comenzaban a bajar las ventas, incluso todos aquellos medicamentos que fabricaba en su laboratorio.

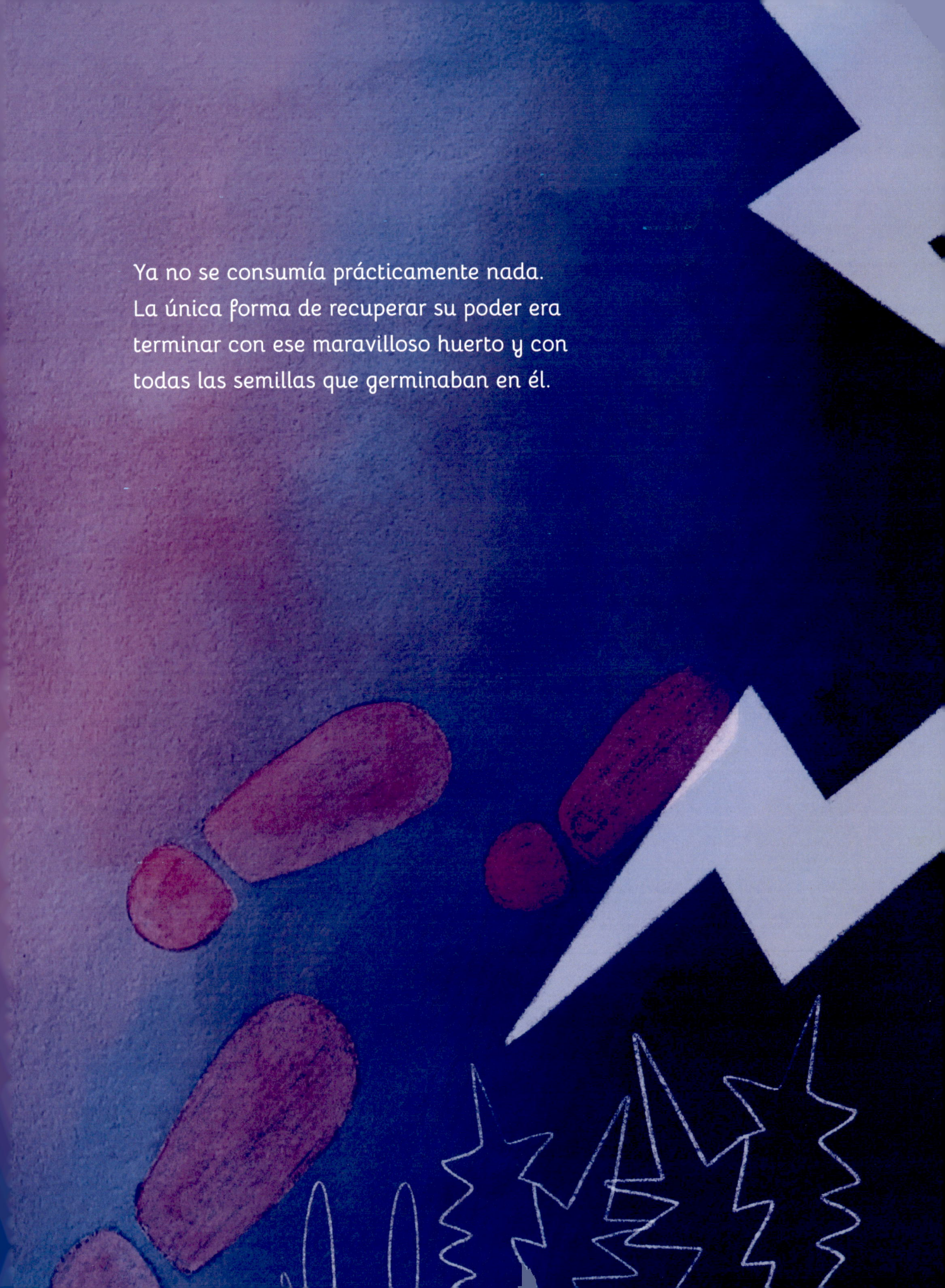

Ya no se consumía prácticamente nada.
La única forma de recuperar su poder era
terminar con ese maravilloso huerto y con
todas las semillas que germinaban en él.

Todos los seres de la comunidad estaban preocupadísimos por lo ocurrido. Las sabias, las más mayores de la comunidad, convocaron una reunión de urgencia y estuvieron debatiendo durante horas cómo hacer frente al Doctor Colapso y su malvado plan.

Al finalizar, las sabias salieron a comunicar al resto de la comunidad que, después de haberlo pensado mucho, habían llegado a la conclusión de que no había nada que hacer. Ni con la ayuda de todos los seres de Seedix serían capaces de vencer al villano Doctor Colapso, la única salida era emigrar.

Los habitantes de aquella comunidad se quedaron helados, no podían imaginar vivir lejos de su hogar. En medio del silencio, Gaia, que aunque pequeña era muy lista y amaba su huerto y todas las semillas que se cultivaban en él, propuso una idea:

—Si no podemos vencer al Doctor Colapso nosotros solos, tendremos que pedir ayuda. Conozco un planeta cerca de aquí, a tan solo tres millones de años luz, al que podemos acudir. Se llama Tierra.

—¿Y cómo vamos a contactar con ellos? —preguntaron las sabias.

—Muy sencillo: redactaremos una carta y la mandaremos hacia allá montada en una estrella fugaz. ¡Ya veréis cómo funciona!

Así fue como Gaia y su comunidad se pusieron a escribir esa famosa carta que hoy tenemos en nuestras manos.

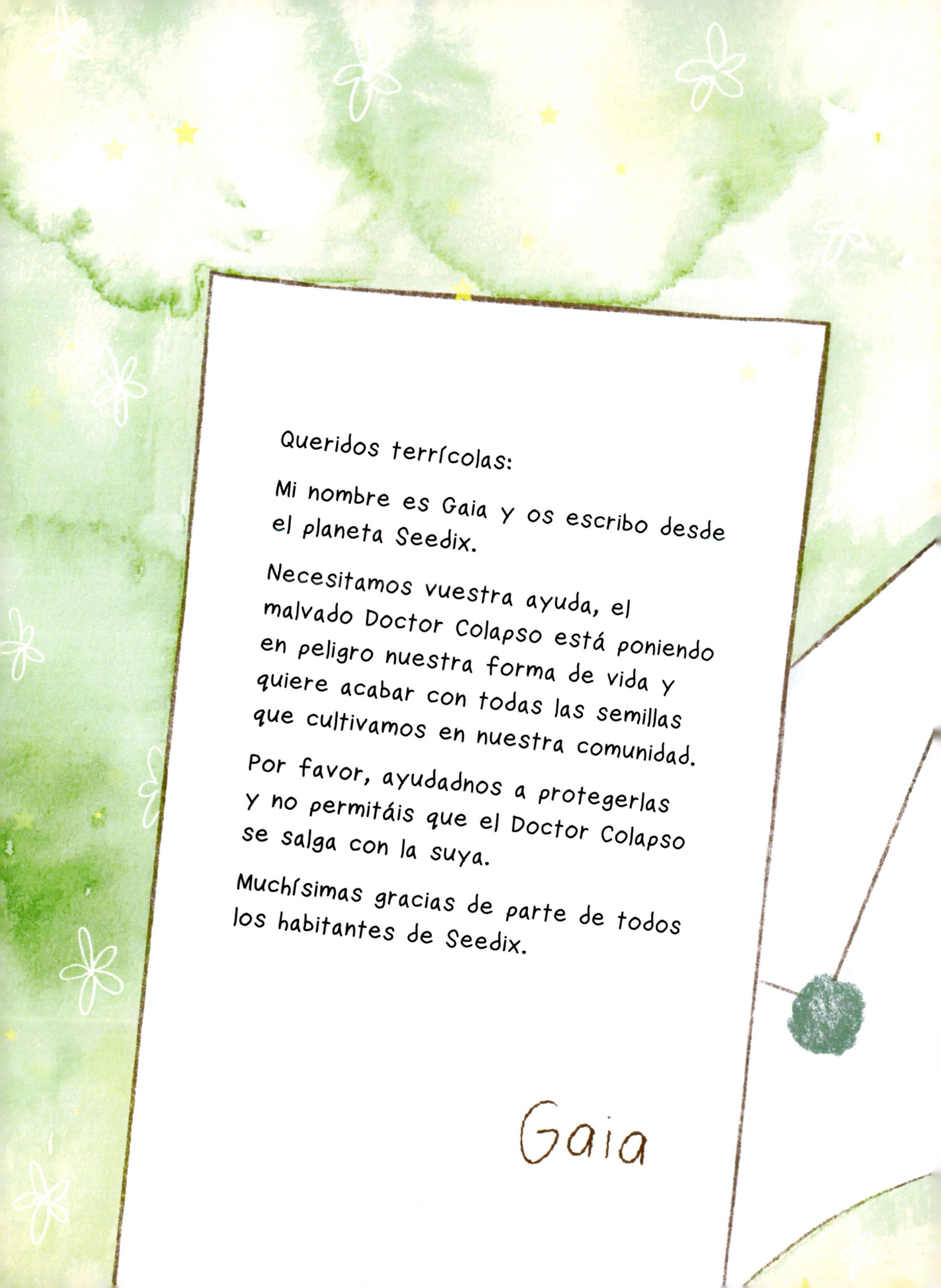

Queridos terrícolas:

Mi nombre es Gaia y os escribo desde el planeta Seedix.

Necesitamos vuestra ayuda, el malvado Doctor Colapso está poniendo en peligro nuestra forma de vida y quiere acabar con todas las semillas que cultivamos en nuestra comunidad.

Por favor, ayudadnos a protegerlas y no permitáis que el Doctor Colapso se salga con la suya.

Muchísimas gracias de parte de todos los habitantes de Seedix.

Gaia

• Encuentra las palabras y descubre el mensaje que te ha dejado Gaia:

```
A P S T I E R R A L A N
E L B I R D P V G T M O
Z A Q U R E J D U A B X
H N K C E X E R A G I P
D E S E M I L L A S E A
O T B T I Q G K U S N A
C A J Y C U I D A R T N
R I X V L B H K Q P E T
A R G X A L E S D M Z A
P L D M W A L K Z A Y S
```

Cuidar - agua - Gaia - Tierra - Planeta - semillas

Escanéame

• Ayuda a esta gota de agua a llegar a su destino:

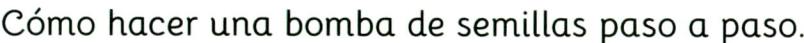

Cómo hacer una bomba de semillas paso a paso.

Vamos a necesitar:

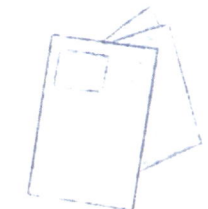

Papel de periódico

Sustrato o compost

Semillas o legumbres

1 Cortamos cada hoja de periódico en 4 trozos y lo ponemos en remojo con agua hasta que cubra durante una hora.

2 Cogemos un trozo de papel de periódico mojado y ponemos un puñadito de sustrato o compost.

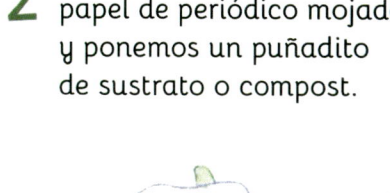

3 Ponemos unas cuantas semillas dentro del sustrato o compost.

4 Cerramos la bomba.

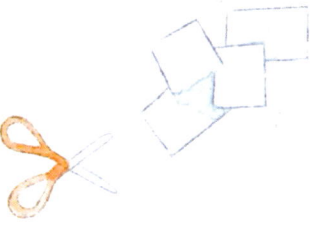

5 La dejamos secar 24h para que se endurezca el papel.

6 Ya está lista para lanzar a la naturaleza, una maceta o tu propio huerto!

EL PLANETA IMAGINARIO

La carta de Gaia

© del texto: María Jiménez Martin
© de las ilustraciones: Ana Collado
© del diseño y corrección: Equipo BABIDI-BÚ

© de esta edición:
Editorial BABIDI-BÚ, 2025
Avda. San Francisco Javier, 9, 6ª, 23
Edificio Sevilla 2
41018 - SEVILLA
Tlfn: 912.665.684
info@babidibulibros.com
www.babidibulibros.com

Impreso en España
Primera edición: abril, 2025

ISBN: 979-13-87735-10-4
Depósito Legal: SE 383-2025